Colección
Crecimiento Espiritual

Pan House
Casa Editorial

Oraciones poderosas, 2021.

Editorial PanHouse
www.editorialpanhouse.com

Edición general:
Jonathan Somoza
Gerencia editorial:
Paola Morales
Coordinación editorial:
Barbara Carballo
Corrección ortotipográfica:
Rosa Raydán
Diseño, portada y diagramación:
Audra Ramones
ISBN: 978-980-437-036-6
Depósito legal: DC2021000946

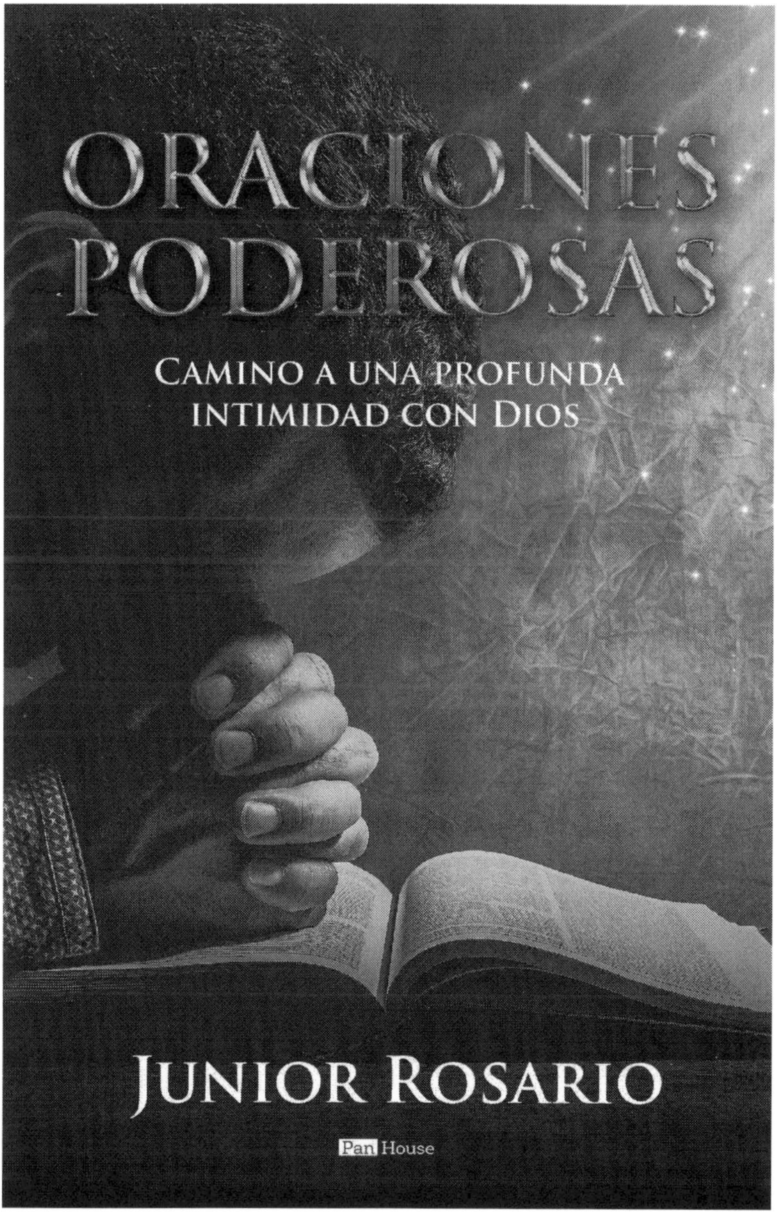
ORACIONES
PODEROSAS
CAMINO A UNA PROFUNDA
INTIMIDAD CON DIOS
JUNIOR ROSARIO
Pan House

ÍNDICE

DEDICATORIA

Quiero dedicar este libro a una mujer que amo con todo mi corazón, a una mujer que lo ha entregado todo por mí, que me aprendió a amar aun con mis defectos; aun conociendo lo peor de mí, nunca me dejó abandonado y siempre me ha apoyado en todo lo que he emprendido.

A ti, madre querida, pastora amada, doy gracias a Dios por tu vida y por ser tan especial y dedicada en todo. Te dedico este libro sabiendo que es poco comparado con todo lo que tú has hecho; gracias por parirme en tus prisiones como Pablo a Timoteo, gracias por tu corrección y sobre todo por impartir en mi vida ese amor por Jesús y su obra. Te amo.

Pastora Virgen Figueroa Vallejo.

"Aunque pequeños, somos fuego".

∞

ELOGIO DE LA MUJER VIRTUOSA

"Mujer virtuosa, ¿quién la hallará? Porque su estima sobrepasa largamente a la de las piedras preciosas".

Proverbios 31:10 (RVR 1960)

AGRADECIMIENTOS

"Dad gracias en todo, porque esta es la voluntad de Dios para con vosotros en Cristo Jesús".
1 Tesalonicenses 5:18 (RVR 1960)

Quiero agradecer primeramente a nuestro Padre Celestial por su amor incondicional para conmigo, por darme la sabiduría y el entendimiento para poder escribir este libro. Sin Dios, ninguno de nuestros proyectos fuera posible; bendita su misericordia y su perdón que nos alcanzó.

Agradezco a mi familia por su apoyo, a mi esposa Jenny y a mis pastores por el tiempo que se han tomado al instruirme en el camino correcto y por ser un canal de bendición en la obra del Señor Jesús. A todo ese ejército de guerreros que día a día oran por mi vida, ministerio y familia, muchas gracias, porque sin Dios y sin ustedes no estaríamos donde estamos.

Gracias a ti, lector, que has escogido este libro para añadir conocimiento y profundizar en la presencia del Señor.

Que el Todopoderoso Dios les bendiga en el nombre de su hijo amado Jesucristo. Amén y amén. Los Amo.

AGRADECIMIENTO ESPECIAL

No puedo dejar de agradecerle a Dios por la vida de la pastora y artista gráfica Jennybert Grullón, una mujer excepcional que llegó a mi vida justo en el momento indicado. A Dios gracias por eso. Me ha enseñado tanto, sus consejos, su dedicación y pasión por lo que hace para el Señor me han motivado grandemente a emprender sin miedo.

Jamás olvidaré aquel Taller de Creativos Íntimos donde todo comenzó. Pastora, muchas gracias por enseñarnos a diseñar con propósito, a consagrarnos para Dios y a no darle nuestros talentos al mundo.

Honro su vida y la de su esposo, el pastor Ismael Ríos. A ambos, gracias por ser humildes y dejarse usar por nuestro amigo, el Espíritu Santo.

Pido a Dios que sigan dando a luz sus sueños para este tiempo y que muchas más vidas como la mía sean impactadas y empoderadas por lo que Dios tiene para ellas.

Pastora, gracias por no quedarse con nada y sembrar en nosotros todo lo que sabe. Este libro es el resultado de una pequeña semilla sembrada por usted que ha ido creciendo, y aún falta más.

Gracias, pastora Jennibert Grullón.

SOBRE EL AUTOR

Junior Armando Rosario Cabret nació en Fajardo, Puerto Rico. Conoció al Señor Jesucristo en el año 2008 por medio de una invitación que le hizo una compañera de universidad llamada Emma Sánchez. Ese domingo marcó su vida para siempre desde el momento en que entró a la iglesia, tanto que hasta el día de hoy sirve a Dios con pasión y entrega.

Desde esa misma fecha ha estado sirviendo en la iglesia Casa de Adoración Maranatha del Caribe Inc., junto a sus pastores, María Virgen Figueroa y Eugenio González Ortega.

Con el paso de los años y bajo la dirección del Espíritu Santo sus pastores decidieron nombrarlo líder en la iglesia y parte de la junta directiva.

En el año 2010 obtuvo su bachillerato en Justicia Criminal en el área de investigación criminal de la Universidad Interamericana de su natal Puerto Rico.

En el año 2015 fue certificado como evangelista al pleno ministerio, respondiendo al llamado de Dios para su vida. Fue el presidente del Evangelio Cambia Vieques durante años, donde tuvo la oportunidad de impactar muchas vidas en su comunidad y en las agencias de gobierno junto a hermanos en la fe.

Desde el 2016 hasta el presente ha dedicado su vida al evangelio de las buenas nuevas de salvación en países como Guatemala, El Salvador, Honduras, México, Panamá, Costa Rica, República Dominicana y Puerto Rico, No solo llevando el mensaje a las vidas, sino que a su vez apoyando iglesias y familias con alimentos y los recursos necesarios para que estos puedan tener una mejor calidad de vida.

En el año 2020 el Espíritu Santo decidió establecerlo en Guatemala para continuar trabajando en la obra del Señor, junto a su amada esposa, Jennifer Larios Sosa, con la que contrajo matrimonio en ese mismo año.

Por la gracia de Dios ha estado entrenando y capacitando jóvenes en campamentos-iglesias, a través de la web y otros medios, con el fin de involucrarlos en la obra misionera.

Es el fundador del Ministerio Evangelístico y Misionero Generación de Fuego Inc., cuyo objetivo es alcanzar las almas, proveerles ayuda a los más necesitados y capacitar a personas para que los apoyen en esta hermosa misión dada por Dios.

Su más grande anhelo es poder utilizar su testimonio y todo lo que Dios le ha dado para alcanzar las vidas y que estas puedan conocer su amor, gracia, perdón y misericordia, así como él lo ha experimentado.

COMENTARIOS

"Creo con todo mi corazón y estoy segura de que este será un libro que sacará a muchas personas del estado de *confort* espiritual en el que están. También creo que los llevará a tener una profunda intimidad con Dios y a un crecimiento espiritual poderoso en Él. Y es que necesitamos una generación en intimidad con Dios.

Dios me dio el privilegio de conocer a Junior (mi esposo) hace cinco años, en quien siempre he visto una persona entregada, apasionada por Dios, por las almas y por lo que hace, ha aportado ese conocimiento esencial a mi vida, esa pasión por estar en la intimidad con Dios".

Jennifer Larios Sosa

Esposa del evangelista Junior Armando Rosario Cabret

"Conozco a Junior desde hace ya varios años, en estos él me ha instruido sobre qué es la oración y de cómo puedo acercarme al Padre a través de esta. La oración es la clave para poder llevar una vida cristiana. Sé que este libro será de gran bendición para cada lector, cada uno podrá lograr estar cerca del corazón de Dios e intimar con Él. Gracias Junior por regalarnos de las hermosas oraciones que te da el Espíritu Santo".

Mercedes Bonano

Adoradora del Señor en la iglesia Casa de Adoración Maranatha de Vieques

"La oración es el medio más poderoso que el cristiano puede tener en sus manos. No hay vida cristiana más maravillosa que aquella que se forja de rodillas. Este libro nos transporta a reconocer que esta debe ser la primera necesidad, cada oración tiene un énfasis claro en la persona de Cristo y en la manera como su amor se manifiesta en nuestra intimidad con Él. Los lectores podrán profundizar en poderosas declaraciones en oración que los guiarán a una significativa rendición a Dios en todas las áreas de su vida para conocer cuál es su voluntad. Mi más profundo agradecimiento a mi hermano Junior por compartir su experiencia, tan característica de él".

Remy Yasnelh López Solís

Misionera, líder y parte de la Fundación
Ayuda Misionera Oasis

"Junior es un joven que ha impactado nuestras vidas por la pasión que compartimos, que es el Espíritu Santo y el fuego por las misiones y las vidas. Junior es un joven de testimonio, su humildad lo caracteriza y su sensibilidad a la necesidad. Realmente encontrarás en este valioso libro estrategias muy importantes para usar dentro de nuestra vida cristiana acerca de la oración, que fortalecerán tu vida para seguir creciendo en tu intimidad con el Espíritu Santo".

Pastor Ismael Ríos

Esposo de la pastora Jennybert Grullón,
pastor de la iglesia Oleo de Gozo

"Tengo el privilegio de conocer el maravilloso corazón de Junior, es un hombre de Dios sensible a la necesidad de las vidas, un gran misionero del evangelio. JUNIOR es un verdadero ejemplo de fe e integridad para esta generación. Este libro nació del mismo corazón de Dios para darnos luz y guía. A la hora de ir a su presencia, muchas veces nos quedamos sin palabras o en blanco, gracias a este libro estoy convencida de que nuestros tiempos de intimidad serán sin fin, sin hora de salida. Realmente será un disfrute, un deleite. Gracias Junior por bendecirnos con *Oraciones poderosas*. Te amamos".

Pastora Jennybert Grullón

Esposa del pastor Ismael Ríos,
pastora de la iglesia Oleo de Gozo

INTRODUCCIÓN

Agradecido con nuestro Padre Celestial por la oportunidad y el privilegio que me concede al poder presentarles este libro nacido del corazón de Dios para una generación hambrienta y sedienta de su presencia, una generación que no se conforma, que anhela más de Él y ver en su vida la obra redentora de Jesús.

Oraciones Poderosas tiene como objetivo impulsarlo a usted a una vida de intimidad profunda con Dios y de resultados reales en su diario vivir, como está escrito:

∞

"Mas tú, cuando ores, entra en tu aposento,
y cerrada la puerta, ora a tu Padre que está en secreto;
y tu Padre que ve en lo secreto
te recompensará en público".
San Mateo 6:6 (RVR 1960)

Este es el tiempo en el que Dios desea que lo busquemos aún más. Si deseamos resultados debemos tener muy en claro que solo en la intimidad podremos lograr las cosas que en público no hemos podido alcanzar.

Es triste ver una generación que solo escucha sobre las maravillas que se hacían en el tiempo antiguo y que hoy pareciera que el poder de Dios ha disminuido o desaparecido.

La realidad es que su poder está y seguirá vigente por toda la eternidad, el problema ha sido que nos volvimos muy públicos para la gente y poco privados para con Dios.

Si hoy no hemos avanzando en nuestras asignaciones como hijos de Dios no es por la falta de poder o porque Dios nos haya abandonado, pues escrito está:

∞

"Jesucristo es el mismo ayer y hoy, y por los siglos".
Hebreos 13:8 (RVR 1960)

He aquí nuestro gran problema: Dios sigue siendo Dios, pero nosotros, por causa de querer hacer tantas cosas para Él, nos olvidamos de que antes de enviarnos al campo por las almas, su objetivo principal es que estemos con Él. Nos escogió para salvarnos y para que estuviéramos en su presencia. Dios desea utilizarnos, claro que sí, pero ¿cómo va a enviar a alguien al mundo

LA REALIDAD ES QUE SU PODER ESTÁ Y SEGUIRÁ VIGENTE POR TODA LA ETERNIDAD.

para que lo represente si es un total desconocido? Así como usted y yo no le confiamos nuestros asuntos más íntimos a cualquiera, así mismo es Dios. Escrito está:

∞

"Después subió al monte,
y llamó a sí a los que Él quiso; y vinieron a Él.
Y estableció a doce, para que estuviesen con Él,
y para enviarlos a predicar,
y que tuviesen autoridad para sanar enfermedades
y para echar fuera demonios".
San Marcos 3:13-15 (RVR 1960)

Oro a Dios para que a través de este libro usted pueda entender la maravillosa oportunidad que nos brinda el Creador del universo al invitarnos a su presencia y a pasar tiempo con Él, cuando solo somos simples seres humanos.

Entienda esto: Dios sin nosotros sigue siendo Dios, pero nosotros sin Él estamos muertos. Aprovechemos el tiempo, mis hermanos, no dejemos que el afán de este mundo, las riquezas y tantos compromisos nos roben la oportunidad de estar con el amado de nuestra alma, con aquel que vive y reina para siempre.

∞

"Mirad, pues, con diligencia, como andéis, no como necios sino como sabios, aprovechando bien el tiempo, porque los días son malos".
Efesios 5:15-16 (RVR 1960)

Aprovechemos este tiempo, los días son malos y peligrosos; solo en su presencia obtendremos el descanso para nuestras almas.

Que Dios bendiga su vida poderosamente y que juntos podamos disfrutar de las maravillas de su amor y misericordia cada día. Le invito a que continuemos en la lectura de este libro, donde sabemos que el Espíritu Santo está inquietando su espíritu para que usted profundice en intimidad con el Padre.

Sigamos avanzando...

ENTIENDA ESTO: DIOS SIN NOSOTROS SIGUE SIENDO DIOS, PERO NOSOTROS SIN ÉL ESTAMOS MUERTOS.

∞

Mensaje del evangelista Junior

Quiero agradecer a Dios por la oportunidad de acercarme a usted, amado lector, en este momento. Pido a Dios que a través de este libro usted pueda experimentar el poder del Espíritu Santo atrayéndole e invitándole a una profunda relación con nuestro Padre celestial en oración. Que en cada página que lea sea bendecido y surjan desde lo más profundo de su corazón oraciones sinceras y dirigidas por el Espíritu Santo. Oramos para que no te falte jamás el anhelo de orar y de estar a solas con nuestro amado. Le invito a que utilice estas oraciones no como un patrón o rutina. Utilícelas como una guía para emprender y desarrollar tus propias oraciones.

Precioso Espíritu Santo, envuelve a cada lector en tu presencia y que ellos puedan entender cuán importante y necesario es pasar tiempo a solas contigo en intimidad. Levántalos como intercesores por su nación, familia, matrimonio, hijos, ministerio y por todo aquello que deposites en sus corazones para orar.

Bendigo su vida y creo fielmente que después de leer este libro su relación con Dios irá en aumento como la luz de la aurora.

¿QUÉ ES ORAR?

La oración es esa comunicación entre el hombre y su creador Dios Todopoderoso. Es la manera a través de la cual nos acercamos a Él para presentarle nuestras situaciones y pedirle su ayuda. Orar también incluye dar gracias a Dios por su amor, su favor, sus bendiciones, protección y por todo lo que hace por nosotros aun sin merecerlo.

Ahora bien, para venir a Dios en oración tengo que creer que Él me escucha y que es real, porque si no creo, en vano me estoy acercando a su presencia.

∞

"Pero sin fe es imposible agradar a Dios; porque es necesario que el que se acerca a Dios crea que le hay, y que es galardonador de los que le buscan".
Hebreos 11:6 (RVR 1960)

LA ORACIÓN ES ESA COMUNICACIÓN ENTRE EL HOMBRE Y SU CREADOR DIOS TODOPODEROSO.

Cuando oro tengo que tener fe y estar convencido de que recibiré lo que estoy pidiendo en su tiempo, que es perfecto y bajo su voluntad. No puede haber en mí duda, porque si la hay no obtendré respuesta a mi oración.

∞

"Pero pida con fe, no dudando nada; porque el que duda es semejante a la onda del mar, que es arrastrada por el viento y echada de una parte a otra. No piense, pues, quien tal haga, que recibirá cosa alguna del Señor".

Santiago 1:6-7 (RVR 1960)

∞

¿QUÉ DICE JESÚS ACERCA DE LA ORACIÓN?

Jesús y la oración

"Y cuando ores, no seas como los hipócritas; porque ellos aman el orar en pie en las sinagogas y en las esquinas de las calles para ser vistos de los hombres; de cierto os digo que ya tienen su recompensa. Mas tú, cuando ores, entra en tu aposento, y cerrada la puerta, ora a tu Padre que está en secreto; y tu Padre que ve en lo secreto te recompensará en público. Y orando, no uséis vanas repeticiones, como los gentiles, que piensan que por su palabrería serán oídos. No os hagáis, pues, semejantes a ellos; porque vuestro Padre sabe de qué cosas tenéis necesidad antes que vosotros le pidáis".

San Mateo 6:5-8 (RVR 1960)

Jesús lo primero que nos recomienda al momento de orar es que lo hagamos de todo corazón y no para ser vistos por los hombres. Es muy lamentable que un hijo de Dios ame orar en público para que las personas según él puedan apreciar lo bonito que ora y así ganar su favor.

Cuando nosotros oramos no es para buscar el favor del hombre ni mucho menos su aprobación. Y si ese es nuestro objetivo estaríamos perdiendo el tiempo. Nuestro Padre conoce las intenciones del corazón y sabe si verdaderamente lo estamos haciendo para Él.

∞

"Yo, Jehová, que escudriño la mente,
que pruebo el corazón para dar a cada uno según
su camino, según el fruto de sus obras".
Jeremías 17:10 (RVR 1960)

Esto no quiere decir que esté prohibido orar en público, orar en alguna reunión, campaña evangelística, actividad o servicio. Hermano, no me vaya a malinterpretar. Jesús lo que nos está diciendo es que dejen de hacer las cosas para que el hombre los vea. Todo lo que hagamos deber ser para exaltarlo a Él y darle toda la gloria por los siglos de los siglos. Amén.

NUESTRO PADRE CONOCE LAS INTENCIONES DEL CORAZÓN.

∞

"Y todo lo que hagáis, hacedlo de corazón, como para el Señor
y no para los hombres; sabiendo que del Señor recibiréis la
recompensa de la herencia,
porque a Cristo el Señor servís".
Colosenses 3:23-24 (RVR 1960)

La clave para una vida efectiva y de resultados poderosos está en nuestra oración secreta, Jesús fue claro:

∞

"Mas tú, cuando ores, entra en tu aposento, y cerrada la puerta, ora a tu Padre que está en secreto; y tu Padre que ve en lo secreto te recompensará en público".
San Mateo 6:6 (RVR 1960)

Si deseamos verdaderamente ser efectivos y lograr todas aquellas cosas que pedimos en oración, debemos procurar tener intimidad con Dios y buscarle en todo tiempo. Los resultados no se darán porque usted y yo así lo queramos; los resultados se verán de acuerdo a nuestra vida de intimidad en oración.

Nuestras campañas, servicios y actividades no son efectivas por el cantante, predicador o el invitado especial, sino por una Iglesia que se fue en ayuno y oración en intimidad con Dios pidiendo que derramara su Santo Espíritu sobre las vidas y un pueblo que le necesita.

El peor error de nosotros es llegar a pensar que por nuestra elocuencia, dones y talentos la gente es alcanzada y ministrada. Qué triste por aquellos que han llegado a pensar así. Dios es soberano y desea utilizarnos, pero aquí quien tiene el poder es Dios, no nosotros. Él nunca va a respaldar algo que no nació de su corazón y mucho menos algo que no se le consultó en oración.

Es tiempo de depender de Dios y entender que nada se puede lograr sin su voluntad. Moisés fue claro cuando le dijo a Dios: "si tú no vas conmigo yo no iré". Este debe ser también nuestro sentir. Señor, si tú no estás en este asunto, no quiero hacer nada. Esto no se trata de quien más haga, se trata de hacer la voluntad de Dios, y solo se puede recibir teniendo una vida de comunión con Él en oración.

∞

"Y Moisés respondió: Si tu presencia
no ha de ir conmigo, no nos saques de aquí".
Éxodo 33:15 (RVR 1960)

Oremos a Dios siempre, pero hagámoslo con un corazón dispuesto; no vengamos ante su presencia a repetir lo mismo una y otra vez, no lleguemos ante Él solo para decir lo que nos han enseñado al momento de orar.

Cristo es un ser súper especial y anhela que le hablemos, que entremos en una amistad con Él. Imagínate que tienes un amigo, una personal especial para ti, y que todos los días le llames para hablarle lo mismo y lo mismo, una y otra vez ¿cómo se sentirá esa persona?, ¿va a querer escucharte? Quizás por respeto lo hará, pero debemos entender que nuestra comunicación en oración con Dios debe ser espontánea, sin rutina, sin ningún tipo de métodos, donde sea el Espíritu Santo quien tenga el control y nos mueva a adorarle antes de pedirle, a exaltarle y darle la oportunidad de hablarnos.

Muchas veces llegamos solo a pedir y eso es parte de la oración, pero debemos tomarnos también el tiempo para escuchar lo que nuestro Abba, nuestro Papito lindo nos quiere decir. Que no se nos vaya la vida solo pidiendo y olvidemos que Dios desea hablarnos.

Él sabe cuáles son nuestras necesidades y situaciones, pero espera de nosotros que nos acerquemos y se las digamos en oración. Y usted dirá: "Junior, pero si Él las sabe". Claro que Él conoce todo, pero su intención es que como sus hijos podamos tener la plena confianza de acercarnos y decirle: "Padre, aquí estoy, te necesito".

¿Sabe por qué es necesario esto? Para que usted y yo podamos permanecer en una dependencia total de Dios y no nos apoyemos en nuestras propias fuerzas y recursos. Al hacer esto le estamos diciendo: "Señor, no puedo estar sin ti, no puedo hacer las cosas lejos de tu presencia". Es algo que parece que no tiene sentido, pero dígame cómo se sentiría un padre que sabe que sus hijos tienen falta de algo y se lo han dicho a todo el mundo menos a él. ¿Verdad que se sentirá mal y hasta los demás dirían: ¡qué irresponsable ese padre que no tiene cuidado de sus hijos!? Dios no es así, Él cuida de nosotros, pero debemos pedirle en oración.

∞

"Mirad las aves del cielo, que no siembran, ni siegan, ni recogen en graneros; y vuestro Padre celestial las alimenta. ¿No valéis vosotros mucho más que ellas?".
San Mateo 6:26 (RVR 1960)

∞

"Pues si vosotros, siendo malos,
sabéis dar buenas dádivas a vuestros hijos,
¿cuánto más vuestro Padre que está
en los cielos dará buenas cosas a los que le pidan?".
San Mateo 7:11 (RVR 1960)

∞

Jehová es mi pastor, Salmo de David

"Jehová es mi pastor; nada me faltará".
Salmos 23-1 (RVR 1960)

El final del discurso es este: si no pides, no recibes; si no llamas, no se te responderá; si no tocas tampoco se te abrirá. Dios demanda de nosotros que accionemos en oración para que así podamos adquirir todo aquello que necesitamos, tanto el alimento espiritual como nuestras necesidades físicas. Usted decide si seguir lejos de Dios y esperar que Él haga algo o ser de los que vienen a su presencia y provocan en oración una respuesta e intervención divina en sus vidas, familia y nación.

∞

La oración y la regla de oro

"Pedid y se os dará; buscad y hallaréis; llamad y se os abrirá. Porque todo aquel que pide, recibe; y el que busca, halla; y al que llama, se le abrirá".
San Mateo 7:7-8 (RVR 1960)

"Dios no está lejos, Él está cerca de aquellos que le buscan en oración".

DIOS DEMANDA DE NOSOTROS QUE ACCIONEMOS EN ORACIÓN PARA QUE ASÍ PODAMOS ADQUIRIR TODO AQUELLO QUE NECESITAMOS.

∞

ORACIÓN POR LOS HIJOS

Padre, en el nombre de tu hijo amado Jesucristo vengo ante tu presencia para pedirte por mis hijos. Señor, yo creo que tú eres todopoderoso, creo que en ti está nuestra salvación. Te pido, mi Dios, que seas tú obrando en ellos, tu palabra dice y escrito está:

∞

"He aquí, herencia de Jehová son los hijos;
cosa de estima el fruto del vientre".
Salmos 127:3 (RVR 1960)

Yo así lo confieso en esta hora, mis hijos te pertenecen, no son del mundo y mucho menos de Satanás; sé tú rompiendo toda maldición que haya en sus vidas, toda atadura, todo vicio, toda rebelión, maldad y las cosas que hacen contrarias a ti y a tu palabra, en el nombre poderoso de Jesús.

Señor, libra sus almas del fuego eterno, no permitas que se pierdan, ten misericordia. Me apodero de esa palabra que dice:

∞

"Ellos dijeron: Cree en el Señor Jesucristo
y serás salvo, tú y tu casa".
Hechos 16:31 (RVR 1960)

Mis hijos son salvos, lo confieso por fe. Satanás no me hará dudar en el nombre de Jesús, ellos son de Dios y aun en el último momento de sus vidas sé que la misericordia de mi Jesús los alcanzará, porque Él vino a salvar a la humanidad y entre ellos están mis hijos.

∞

"Porque no envió Dios a su Hijo
al mundo para condenar
al mundo, sino para que el mundo sea salvo por Él".
San Juan 3:17 (RVR 1960)

Pido perdón por ellos. Señor, ayúdalos, trae salvación y permite, Padre, que puedan reconocerte a ti como el único Dios verdadero. Quita de ellos lo que no te agrada y sea usted mi Señor glorificándose en sus vidas, para la gloria y honra de su nombre.

Todo esto te lo pido creyéndolo hecho en el nombre de tu hijo Jesucristo. Amén.

ORACIÓN POR LIBERACIÓN

En el nombre poderoso de Jesús, toda obra infernal que ha venido para atacar mi vida y la de mi familia sea quebrantada y anulada en esta hora. El enemigo no tiene nada en mí, Cristo me compró con su sangre, por lo tanto, todo aquello que no va acorde a la voluntad de Dios sea echado fuera en el nombre de Jesús. Toda opresión, cansancio, fatiga, depresión, desánimo, pereza, falta de interés por las cosas de Dios y todo lo que ha maquinado el infierno en mi contra se rompe, pues escrito está:

∞

"Cómo Dios ungió con el Espíritu Santo
y con poder a Jesús de Nazareth,
y cómo este anduvo haciendo bienes
y sanando a todos los oprimidos
por el diablo, porque Dios estaba con Él".
Hechos 10:38 (RVR 1960)

∞

"Ninguna arma forjada contra ti prosperará,
y condenarás toda lengua que se levante contra ti
en juicio. Esta es la herencia de los siervos de Jehová,
y su salvación de mí vendrá, dijo Jehová".
Isaías 54:17 (RVR 1960)

∞

"El que practica el pecado es del diablo;
porque el diablo peca desde el principio.
Para esto apareció el Hijo
de Dios, para deshacer las obras del diablo".
1 Juan 3:8 (RVR 1960)

En esta hora se deshace toda obra del diablo y sus demonios. Todo aquello que me quiere cautivar, esclavizar y seducir con el objetivo de separarme de Dios, ahora mismo en el nombre de Jesús se rompe. Libre soy de todo yugo del maligno y de todas sus obras. Amén.

∞

Estad firmes en la libertad

"Estad, pues, firmes en la libertad con que Cristo
nos hizo libres, y no estéis otra vez sujetos
al yugo de esclavitud".
Gálatas 5:1 (RVR 1960)

∞

"E invócame en el día de la angustia;
te libraré y tú me honrarás".
Salmos 50:15 (RVR 1960)

∞

ORACIÓN POR ARREPENTIMIENTO

"Así que, arrepentíos y convertíos para que sean borrados vuestros pecados; para que vengan de la presencia del Señor tiempos de refrigerio, y Él envíe a Jesucristo, que os fue antes anunciado".
Hechos 3:19-20 (RVR 1960)

Señor, en el nombre de Jesús vengo delante de tu divina presencia para pedirte que me ayudes. Sé que soy pecador, que te fallo a cada instante, por eso clamo tu perdón en este momento, porque reconozco que el pecado está siempre delante de mí y aunque muchas veces lo ignoro y no caigo, en ocasiones me he descuidado y he dejado que las pasiones y malos deseos tengan rienda suelta y me cautiven. Pero creo que tú eres un Dios de misericordia y que levantas al caído.

Señor, yo no merezco tu perdón, porque muchas veces te he prometido y te he quedado mal. Apiádate de mi alma y no permitas que siga un rumbo contrario a tus planes y propósitos para mi vida. Sé tú mi ayudador, sé tú mi guardador, porque con mis fuerzas no he logrado nada, mas contigo soy más que vencedor. Libra mi alma de las cosas que me atan y permíteme servirte en espíritu, alma y cuerpo. Que todo lo que soy alabe tu nombre, Señor.

Me arrepiento de todos mis pecados. Delante de ti pongo mi corazón, lávame y límpiame con tu sangre preciosa y haz conmigo como tú quieras. Todo esto te lo pido en el nombre de tu hijo amado Jesucristo, creyéndolo hecho. Amén.

∞

"Ten piedad de mí, oh Dios,
conforme a tu misericordia;
conforme a la multitud de tus piedades
borra mis rebeliones.
Lávame más y más de mi maldad,
y límpiame de mi pecado.
Porque yo reconozco mis rebeliones,
y mi pecado está siempre delante de mí.
Contra ti, contra ti solo he pecado,
y he hecho lo malo delante de tus ojos;
para que seas reconocido justo en tu palabra,
y tenido por puro en tu juicio".
Salmos 51:1-4 (RVR 1960)

∞

"Si confesamos nuestros pecados,
Él es fiel y justo para perdonar nuestros pecados
y limpiarnos de toda maldad".
1 Juan 1:9 (RVR 1960)

∞

ORACIÓN POR SANIDAD

"Mas Él herido fue por nuestras rebeliones, molido por nuestros pecados; el castigo de nuestra paz fue sobre Él, y por su llaga fuimos nosotros curados".

Isaías 53:5 (RVR 1960)

Jesús, ten piedad de mí, estoy enfermo y sé que solo tú puedes sanarme. Creo en tus promesas y en tu palabra que dice que por tu llaga hemos sido curados. Señor, he tratado por todos los medios de ver la manera en que mi cuerpo sea sanado. He gastado mis fuerzas, recursos y dinero y nada ha acontecido, perdónanos porque muchas veces colocamos nuestra esperanza en el hombre y en lo que este puede hacer por nosotros olvidando ciertamente que tú eres nuestro sanador, nuestro médico por excelencia.

Ayúdame, que nunca me rebele contra ti por causa del dolor y la angustia que en ocasiones se apodera de mi alma.

Confío en tu poder, por eso vengo a ti. Coloca tu mano de sanidad sobre mi cuerpo, Padre, en el nombre de Jesús, y si todo esto es un proceso, que pueda entenderlo; dame paz y descanso en ti. Por fe he creído en esta hora que soy sano, y que toda enfermedad ha desaparecido en el nombre poderoso de tu hijo amado Jesucristo. Amén y amén.

∞

"Pero una mujer que desde hacía doce años padecía de flujo de sangre y había sufrido mucho de muchos médicos y gastado todo lo que tenía y nada había aprovechado, antes, le iba peor, cuando oyó hablar de Jesús vino por detrás
entre la multitud y tocó su manto.
Porque decía: Si tocare tan solamente su manto, seré salva".
San Marcos 5:25-28 (RVR 1960)

∞

"Para que se cumpliese lo dicho por el profeta Isaías, cuando dijo: Él mismo tomó nuestras enfermedades y llevó nuestras dolencias".
San Mateo 8:17 (RVR 1960)

∞

"Y oyendo que era Jesús Nazareno comenzó a dar voces y a decir: ¡Jesús, Hijo de David, ten misericordia de mí!
Y muchos le reprendían para que callase,
pero él clamaba mucho más:
¡Hijo de David, ten misericordia de mí!

Entonces Jesús, deteniéndose, mandó llamarle; y llamaron al ciego, diciéndole:
Ten confianza; levántate, te llama.
Él, entonces, arrojando su capa,
se levantó y vino a Jesús.
Respondiendo, Jesús le dijo: ¿Qué quieres que te haga? Y el ciego le dijo: Maestro, que recobre la vista.
Y Jesús le dijo: Vete, tu fe te ha salvado. Y en seguida recobró la vista, y seguía a Jesús en el camino".
San Marcos 10:47-52 (RVR 1960)

∞

"Mas a Jehová, vuestro Dios, serviréis,
y Él bendecirá tu pan y tus aguas; y yo quitaré toda enfermedad de en medio de ti".
Éxodo 23:25 (RVR 1960)

∞

ORACIÓN PARA PERDONAR

"Porque si perdonáis a los hombres sus ofensas, os perdonará también a vosotros vuestro Padre celestial; mas si no perdonáis a los hombres sus ofensas, tampoco vuestro Padre os perdonará vuestras ofensas".
San Mateo 6:14-15 (RVR 1960)

Señor, qué difícil se me ha hecho perdonar. Cada vez que recuerdo todo lo que he sufrido, las traiciones, los abusos y tantas cosas, lo único que hago es llorar y se me quitan las ganas de perdonar a las personas que me ocasionaron tanto daño.

Perdóname por mi mal proceder y por las veces que he sentido ganas de vengarme y de darles su merecido. Reconozco que debo perdonar, que es una decisión muy mía y que si no lo hago tendré muchas consecuencias. Padre, dame las fuerzas para expresar todo lo que siento en este momento aquí en tu presencia, necesito ser sanado y libre.

La amargura, el odio y el rencor han hecho de mi corazón su habitación, pero hoy, en el nombre poderoso de Jesús, tomo la decisión de perdonarlos. Me libero de esos sentimientos negativos que me atormentaban, todo aquello que dañaba mi corazón hoy es quebrantado por tu poder.

Los perdono de todo corazón, deseo que sean felices y que tengan un verdadero encuentro contigo, mi Dios. Hablo palabras de bendición sobre sus vidas en el nombre de Jesús. Sáname, Señor; que nunca más vuelva a tener esos sentimientos tan horribles hacia ellos. Me declaro sano, recibo tu perdón y los perdono. Que mi corazón sea uno perdonador siempre, que nunca más vuelva a tener falta de perdón, oro para que sea guardado en ti, Padre. Gracias Señor Jesús por la restauración de mi vida y el perdón de mis pecados. Amén y amén.

∞

"Mientras callé, se envejecieron mis huesos.
En mi gemir todo el día.
Porque de día y de noche se agravó sobre mí tu mano;
se volvió mi verdor en sequedades de verano.
Selah, mi pecado te declaré,
y no encubrí mi iniquidad. Dije: Confesaré mis transgresiones
a Jehová; y tú perdonaste la maldad
de mi pecado. Selah".
Salmos 32:3-5 (RVR 1960)

∞

"Crea en mí, oh Dios, un corazón limpio.
Y renueva un espíritu recto dentro de mí".
Salmos 51:10 (RVR 1960)

∞

ORACIÓN PARA TOMAR BUENAS DECISIONES

"Encomienda a Jehová tu camino.
Y confía en Él; y Él hará".
Salmos 37:5 (RVR 1960)

Señor mi Dios, ante tu presencia estoy sabiendo que para ti nada está oculto. Tú conoces las veces que he tomado malas decisiones y las consecuencias que estas han traído a mi vida. Por eso, hoy me arrepiento de todo corazón por hacer planes, negocios, alianzas y tantas cosas que hago a diario sin consultar contigo primero. No quiero estar más sin tu cobertura en mi caminar diario, necesito tu presencia y dirección. No puedo; todo me ha salido mal y entiendo que ha sido por olvidar que ya no me pertenezco, que ahora eres mi Señor y mi dueño.

SÉ QUE CUANDO TÚ NOS BENDICES, ESA BENDICIÓN TRAE CONSIGO PAZ.

Perdóname por no obedecerte y hacer las cosas según como las siento y no bajo la convicción que tú das cuando algo proviene de ti, Padre. Oro para que pueda tomar buenas decisiones en mi vida, sabiendo que estas determinarán el curso de ella, el de mi familia, matrimonio y ministerio.

Padre, abro mi corazón y te pido, Espíritu Santo, que me guíes y no permitas que vuelva a hacer las cosas por emoción o presión. Sé que cuando tú nos bendices, esa bendición trae consigo paz. Renuncio a ser el señor de mi vida y te la entrego por completo a ti, mi Dios.

Encomiendo a ti mi familia, proyectos, ministerio y todo lo que pongas en mis manos, para la gloria y la honra de tu nombre.

Te lo pido en el nombre de Jesús. Amén y amén.

∞

"Y Moisés respondió:
Si tu presencia no ha de ir conmigo,
no nos saques de aquí".
Éxodo 33:15 (RVR 1960)

∞

"La bendición de Jehová es la que enriquece,
y no añade tristeza con ella".
Proverbios 10:22 (RVR 1960)

∞

ORACIÓN POR EL MATRIMONIO

"Por tanto, dejará el hombre a su padre y a su madre, y se unirá a su mujer, y serán una sola carne".
Génesis 2:24 (RVR 1960)

Padre, en el nombre poderoso de Jesús vengo ante tu presencia para presentarte mi matrimonio. Sé que tú nos has bendecido con la persona que está a nuestro lado. Reconocemos que al ser dos seres diferentes muchas veces hay conflictos, desacuerdos, pequeñas discusiones y molestias que han venido a tratar de dañar lo que tú has dicho y establecido para nosotros.

Danos hoy, Dios, sabiduría de lo alto y permítenos llevar juntos nuestra relación matrimonial en común acuerdo bajo la dirección del Espíritu Santo. Que tu dulce paz inunde nuestros corazones y podamos descansar siempre en ti, recordando aquel momento donde juramos amor eterno el uno por el otro.

DANOS HOY, DIOS, SABIDURÍA DE LO ALTO.

Amado Dios, hay días en los que hemos sentido desmayar, pero gracias te damos por tu fidelidad. Padre, colocamos nuestro matrimonio en tus manos, sé propicio. Que podamos respetarnos.

Ayúdanos a ser buenos compañeros, a apoyarnos mutuamente y vivir siempre honrando tu santo y bendito nombre. Sé que en tu voluntad estaba unirnos por tal razón, te pedimos que así sea siempre hasta el día de tu venida o hasta que nos envíes a buscar. Que lo que tú has unido no lo separe el hombre jamás.

En el nombre poderoso de Jesús. Amén y amén.

∞

"Así que no son ya más dos, sino una sola carne;
por tanto, lo que Dios juntó, no lo separe el hombre".
San Mateo 19:6 (RVR 1960)

∞

"Deberes sociales de la nueva vida: Casadas,
estad sujetas a vuestros maridos, como conviene
en el Señor. Maridos, amad a vuestras mujeres,
y no seáis ásperos con ellas".
Colosenses 3:18-19 (RVR 1960)

∞

ORACIÓN POR PROVISIÓN

"Mi Dios, pues, suplirá todo lo que os falta conforme sus riquezas en gloria en Cristo Jesús".
Filipenses 4:19 (RVR 1960)

Señor, te necesito. Tú eres quien suple todas nuestras necesidades conforme a tus riquezas en gloria. En el nombre de tu hijo amado Jesucristo te pido que sigas obrando en cada una de mis necesidades. Tú eres mi pastor y sé que nada me faltará. Permíteme, Padre, ver una vez más tu mano de provisión en mi vida.

Ayúdame a confiar en medio de la escasez que estoy experimentando y no permitas que tome malas decisiones por causa de esta situación.

SEÑOR, QUE EN MEDIO DE TODO PUEDA APRENDER A ESTAR CONTENTO Y A DARTE GRACIAS POR TODO.

Señor, que en medio de todo pueda aprender a estar contento y a darte gracias por todo. En el nombre de Jesús oro no solo para que me proveas de alimento, trabajo y lo que me hace falta; te pido por aquellos que están atravesando una situación similar o peor a la mía. Para ti no hay nada imposible, te doy gracias por haberme oído y por la provisión, creyéndolo hecho en el nombre de Jesús. Amén.

∞

Jehová es mi pastor
Salmo de David

"Jehová es mi pastor; nada me faltará".
Salmos 23:1 (RVR 1960)

∞

"Dad gracias en todo, porque esta es la voluntad de Dios para con vosotros en Cristo Jesús".
1 Tesalonicenses 5:18 (RVR 1960)

∞

"Sé vivir humildemente y sé tener abundancia; en todo y por todo estoy enseñado, así para estar saciado como para tener hambre, así para tener abundancia como para padecer necesidad".
Filipenses 4:12 (RVR 1960)

∞

ORACIÓN POR LOS PERDIDOS

"Por tanto, así ha dicho Jehová el Señor: He aquí yo estoy contra vuestras vendas mágicas, con que cazáis las almas al vuelo; yo las libraré de vuestras manos y soltaré para que vuelen como aves las almas que vosotras cazáis volando. Romperé asimismo vuestros velos mágicos, y libraré a mi pueblo de vuestra mano, y no estarán más como presa en vuestra mano; y sabréis que yo soy Jehová".

Ezequiel 13:20-21(RVR 1960)

Padre, en el nombre de Jesús te presentamos aquellas vidas que no te conocen, te pedimos por los que viven sin rumbo y sin dirección atados a los placeres de este mundo y bajo el dominio de Satanás y sus demonios.

Oro para que sean libres de la potestad de Satanás y vengan al conocimiento de la verdad en el nombre de Jesús. Trae libertad, Dios todopoderoso, tú no quieres que ninguno se pierda, sino que todos procedan al arrepentimiento. Permíteles, Padre, la oportunidad de tornar su mirada a ti y abandonar esa vida de pecado en la cual una vez yo también anduve.

Te pedimos misericordia porque solo en ti está la felicidad y la vida eterna. Cristo Jesús, muéstrales el camino, revélate a sus vidas y que tu Santo Espíritu traiga una fuerte convicción de pecado. Así como otros oraron por mí en algún momento, así oro por ellos para que sean libres y puedan ser salvos y heredar la vida eterna junto a nuestro Padre celestial. Perdónalos por ignorar tu llamado, por no querer nada contigo y vivir una vida rendida a los placeres de su carne y dominados por el príncipe de la potestad del aire, que es Satanás.

Señor, el sacrificio de Cristo no fue en vano y creemos que estas vidas aún en su último momento tendrán la oportunidad de arrepentirse, te lo pedimos Señor.

Acuérdate, Padre, de tus muchas misericordias para con tu siervo David. Oro para que tu amor les alcance y sean libres del dominio de Satanás. En el nombre poderoso de Jesús sean rotos los velos mágicos y atado todo espíritu que los arrastraba al pecado y a lo malo. Poderoso Dios, sin ti nada podemos hacer, tú tienes planes de bien y no de mal para toda la humanidad.

Perdónanos por ser tan necios y no querer entender que la vida en ti es mejor y es eterna. Danos las fuerzas para seguir alcanzándolos, que nunca dejemos de orar por ellos y que jamás se nos olvide que un día también anduvimos perdidos. Que los veamos con ojos de amor y misericordia siempre.

Todo esto te lo pedimos en el nombre poderoso de Jesús, creyéndolo hecho. Amén.

Salvos por gracia

"Y Él os dio vida a vosotros, cuando estabais muertos en vuestros delitos y pecados, en los cuales anduvisteis en otro tiempo, siguiendo la corriente de este mundo, conforme al príncipe de la potestad del aire, el espíritu que ahora opera en los hijos de desobediencia, entre los cuales también todos nosotros vivimos en otro tiempo en los deseos de nuestra carne, haciendo la voluntad de la carne y de los pensamientos, y éramos por naturaleza hijos de ira, lo mismo que los demás. Pero Dios, que es rico en misericordia, por su gran amor con que nos amó, aun estando nosotros muertos en pecados, nos dio vida juntamente con Cristo (por gracia sois salvos), y juntamente con Él nos resucitó, y asimismo nos hizo sentar en los lugares celestiales con Cristo Jesús para mostrar en los siglos venideros las abundantes riquezas de su gracia en su bondad para con nosotros en Cristo Jesús. Porque por gracia sois salvos por medio de la fe; y esto no de vosotros, pues es don de Dios; no por obras, para que nadie se gloríe. Porque somos hechura suya, creados en Cristo Jesús para buenas obras, las cuales Dios preparó de antemano para que anduviésemos en ellas".

Efesios 2: 1-10 (RVR 1960)

ORACIÓN POR LA IGLESIA

El pueblo de Dios

"Mas vosotros sois linaje escogido, real sacerdocio, nación santa, pueblo adquirido por Dios para que anunciéis las virtudes de aquel que os llamó de las tinieblas a su luz admirable".

1 Pedro 2:9 (RVR 1960)

Dios todopoderoso, delante de tu presencia estoy en este instante para presentarte a tu pueblo, a la iglesia lavada y comprada a precio de sangre por tu hijo amado, Jesucristo. Te pido, Dios, que seas el que reine en ella y no el hombre. Que el Espíritu Santo tenga el control y dominio del tiempo, la adoración, las oraciones, prédicas y todo lo que se realiza en cada servicio. Padre, renunciamos a toda metodología humana y a toda resistencia al poder y manifestación del Espíritu Santo sobre tu Iglesia.

Señor, la Iglesia es tuya, eres el pastor de los pastores; sin tu sacrificio, Cristo, no existiéramos como creyentes e hijos de Dios.

Perdónanos por no permitirte obrar como deseas; sabemos que en ocasiones hemos tenido en poco tu dulce presencia y acabamos los servicios a la hora que se ha establecido olvidando que el dueño eres tú y nosotros tus siervos. Hoy rendimos nuestros corazones a ti y te pedimos que vuelvas a tomar el lugar que te corresponde, Padre.

Sé propicio, que entendamos que eres la cabeza, Cristo, y nosotros el cuerpo. Que la unidad que reina en la divina trinidad sea la misma que predomine en toda la Iglesia, donde seas el centro y no los títulos del hombre y sus talentos. Padre, apiádate de nosotros y no nos quites tu Santo Espíritu. Que podamos ser hallados siervos aprobados y no tengamos nada de qué avergonzarnos.

Quita de nuestros labios ese sentido de propiedad, las ovejas son tuyas, es tu Iglesia, son tus dones y talentos y no de nosotros.

Somos simples mayordomos. Perdón, Padre, perdón por creer que lo que pasa es por nuestras capacidades. Bendita tu misericordia porque sin ella ya nos hubieras consumido. En tus manos está la Iglesia, sabiendo que se cumplirán cada una de tus promesas y que será revestida de gloria y de poder de lo alto.

BENDITA TU MISERICORDIA PORQUE SIN ELLA YA NOS HUBIERAS CONSUMIDO.

Ayúdanos a ser luz en medio de este mundo de tinieblas, que podamos seguir aguardando la promesa de que un día regresarás por nosotros y que estemos listos para ese hermoso encuentro, ya sea que vengas o nos envíes a buscar. Que nuestra carrera no haya sido en vano y que nunca te sientas avergonzado de nosotros. Te amamos y reconocemos que solo en ti está nuestra salvación y vida eterna.

En el nombre poderoso de Jesús he orado creyendo que me has escuchado para la gloria y la honra de tu nombre. Amén y amén

∞

"Yo soy el buen pastor y conozco mis ovejas,
y las mías me conocen, así como el Padre me conoce,
y yo conozco al Padre, y pongo mi vida por las ovejas.
También tengo otras ovejas que no son de este redil;
aquellas también debo traer, y oirán mi voz,
y habrá un rebaño y un pastor".
San Juan 10:14-16 (RVR 1960)

∞

"Porque habéis sido comprados por precio; glorificad,
pues, a Dios en vuestro cuerpo y en vuestro espíritu,
los cuales son de Dios".
1 Corintios 6:20 (RVR 1960)

∞

"Porque de la manera que en un cuerpo tenemos muchos miembros, pero no todos los miembros tienen la misma función, así nosotros, siendo muchos, somos un cuerpo en Cristo, y todos miembros los unos de los otros".

Romanos 12:4-5 (RVR 1960)

∞

ORACIÓN POR LOS MISIONEROS

“¿Y cómo predicarán si no fueren enviados? Como está escrito: ¡Cuán hermosos son los pies de los que anuncian la paz, de los que anuncian buenas nuevas!”.

Romanos 10:15 (RVR 1960)

Poderoso Dios, en este momento te damos gracias por cada uno de esos obreros en el campo misionero. Oramos para que en el nombre poderoso de Jesús tú les bendigas y les guardes en todo momento. Señor, ellos lo han dejado todo para seguirte y hacer tu voluntad en otros países. Padre, que el amor de Cristo siempre esté presente en sus vidas, que nunca dejen de servir a otros y que junto a ti puedan completar la misión que les has entregado en el lugar donde se encuentran.

Oramos en esta hora por aquellos que sienten que no pueden más, por los que están pensando abandonarlo todo y salir del campo donde los estableciste. Poderoso Dios, renueva sus fuerzas, dales paz, permite que en esta hora ellos reciban los recursos que les hacen falta. Así como tú le proveíste al profeta Elías enviando cuervos con carne y con pan, te pido que su alimento no falte, en el nombre poderoso de Jesús.

Usa sus manos, que no dejen de predicar el evangelio de Cristo y las buenas nuevas de salvación aunque estén siendo amenazados. Extiende tu mano de poder y permite que a través de ellos se hagan milagros, prodigios y sanidades para que esas vidas puedan ver que eres real y que estás con tus hijos.

Pedimos esa protección divina sobre ellos y los suyos. Señor, y si han de morir en el campo dale las fuerzas para darlo todo por ti y que nunca su muerte haya sido en vano.

Eres el Dios que todo lo puede, por eso vengo a tu presencia a presentártelos. Padre, que nunca dejemos de ir, sabiendo que es una orden dada por tu hijo amado, Jesucristo. Que la podamos cumplir con alegría, gozo, paz y sin murmuraciones ni quejas, haciéndolo todo para la gloria y la honra de tu bendito nombre.

Hemos orado confiando y descansando en que nos has escuchado en el nombre de Jesús. Amén y amén.

∞

"Y les dijo: Id por todo el mundo
y predicad el evangelio a toda criatura".
San Marcos 16:15 (RVR 1960)

∞

"Y ahora, Señor, mira sus amenazas
y concede a tus siervos que con todo denuedo hablen
tu palabra, mientras extiendes tu mano
para que se hagan sanidades y señales y prodigios
mediante el nombre de tu santo hijo Jesús".
Hechos 4:29-30 (RVR 1960)

∞

"Y seréis aborrecidos de todos por causa
de mi nombre; mas el que persevere hasta el fin,
este será salvo".
San Mateo 10:22 (RVR 1960)

∞

"Y él fue e hizo conforme a la palabra de Jehová;
pues se fue y vivió junto al arroyo de Querit,
que está frente al Jordán. Y los cuervos le traían pan
y carne por la mañana, y pan y carne por la tarde;
y bebía del arroyo".
1 Reyes 17:5-6 (RVR 1960)

ORACIÓN POR LOS PRESOS

"Acordaos de los presos como si estuvierais presos juntamente con ellos; y de los maltratados, como que también vosotros mismos estáis en el cuerpo".

Hebreos 13:3 (RVR 1960)

Señor, tú eres lento para la ira y grande en misericordia y verdad; hoy quiero presentarte a cado uno de nuestros hermanos confinados en las diferentes cárceles del mundo entero. Padre, tú no haces acepción de personas y al que viene a ti no le echas fuera, por eso clamamos por ellos para que tengas misericordia de sus vidas. Permite, oh mi Dios, que la luz de Jesucristo alumbre aun lo más oscuro de esas habitaciones o lugares donde están y ellos puedan tener un encuentro con el Cristo que rompió mis cadenas y desea romper las de ellos.

Señor, traemos a memoria cada hombre y mujer que ha cometido errores y que por causa de esto tienen que pasar un tiempo detrás de las rejas o toda su vida. No soy quién para juzgarlos, mucho menos debo rechazarlos ni dejar de orar por ellos porque yo también he cometido delitos, quizás no contra las leyes terrenales, pero sí contra tus leyes, Padre.

Por eso imploramos tu misericordia, para que allí en cada cárcel se levante un altar de adoración a ti y esas vidas puedan conocer tu amor, compasión, perdón y salvación. Ellos no necesitan ser juzgados, ya lo son por la ley terrenal. Enséñanos a amarlos y a pedir por ellos, mi amado Jesús. Rompe sus cadenas y desata sus vidas de todo yugo del diablo.

Así como libertaste al endemoniado de Gadara, yo te pido que llegues a su encuentro y los rescates de las manos de Satanás y sus demonios. Alabado Dios, mete tu mano de poder en esos lugares, que ellos experimenten una verdadera vida plena en ti y no una religión.

Provoca cambios en sus mentes y toma lugar en sus corazones. Oro para que en el nombre poderoso de Jesús todo lo que los esclaviza y no los deja ser libres en esta hora sea anulado y quebrantado. Toda adicción, vicio, maldiciones, odio y todo lo que los poseía ahora mismo se rompe por el poder de Jesucristo.

Toma autoridad, Señor, sobre aquellos que se han entregado a ti y no permitas que vuelvan atrás. Que los que aún no te conocen y viven con hambre y sed de venganza puedan encontrarse cara a cara con tu amor. Papito lindo, en tus manos están nuestros hermanos.

Te pedimos que les guardes en todo momento y ellos puedan conocerte cada día. Te lo pedimos en el nombre de tu hijo amado Jesucristo sabiendo que es tu voluntad para con ellos. Amén y amén.

∞

"Porque tuve hambre y me disteis de comer;
tuve sed y me disteis de beber; fui forastero
y me recogisteis; estuve desnudo y me cubristeis;
enfermo y me visitasteis;
en la cárcel y vinisteis a mí".
San Mateo 25:35-36 (RVR 1960)

∞

"Saca mi alma de la cárcel para que alabe tu nombre;
me rodearán los justos, porque tú me serás propicio".
Salmos 142:7 (RVR 1960)

∞

"Los sacó de las tinieblas y de la sombra de muerte,
y rompió sus prisiones".
Salmos 107:14 (RVR 1960)

ORACIÓN POR LOS PASTORES

"Obedeced a vuestros pastores y sujetaos a ellos; porque ellos velan por vuestras almas como quienes han de dar cuenta, para que lo hagan con alegría y no quejándose, porque esto no os es provechoso".

Hebreos 13:17 (RVR 1960)

Padre, en el nombre de tu hijo amado Jesucristo venimos ante ti para presentarte a nuestros pastores; ellos, que lo dan todo por nosotros, que en ocasiones pasan noches enteras orando y clamando por nuestras almas. Te pedimos que renueves sus fuerzas, que seas su amparo aun en medio de sus tormentas.

Padre, reconocemos que ellos son como nosotros, que se cansan y muchas veces se deprimen; te pedimos perdón por exigirles tanto, por no cuidarlos como debemos y dejarles en muchas ocasiones toda la carga. Jesús, enséñanos a amarlos, respetarlos, valorarlos y a honrarlos aun en su ausencia.

Pedimos que quites de nosotros toda falta de sujeción, rebelión, malas actitudes y todo aquello que va en contra de lo establecido en tu palabra.

Queremos agradarte en todo, aun hasta en nuestro comportamiento delante de los demás, incluyendo a nuestros pastores. Para que así puedan ellos hacer las cosas con contentamiento y no con tristeza ni preocupaciones, sirviéndote con alegría de corazón.

Padre, que tu amor reine en sus corazones y que nunca ellos se aparten del camino de la verdad. Guárdalos, Señor, y líbrales de las falsas doctrinas y malas enseñanzas. Que nunca jamás puedan hablar algo que no esté basado en tu palabra. Líbrales del maligno y de todo ataque hacia sus vidas y a la de sus seres queridos. Permite, Padre, que ellos puedan ver tu mano de protección siempre y tu respaldo en todo lo que hacen.

Señor, que en el nombre de Jesús sean sus pasos guiados por el Espíritu Santo, sean sujetos a Él y puedan moverse en la manifestación de las señales que siguen a todos los que creen en tu nombre.

Oh Señor, que nada los turbe ni los desenfoque del plan y propósito dado por ti, mi buen Dios.

Todo esto te lo pedimos en el nombre poderoso de tu hijo amado Jesucristo, creyéndolo hecho. Amén y amén.

ORACIÓN POR LOS GOBERNANTES

Instrucciones sobre la oración

"Exhorto, ante todo, a que se hagan rogativas, oraciones, peticiones y acciones de gracias por todos los hombres, por los reyes y por todos los que están en eminencia, para que vivamos quieta y reposadamente en toda piedad y honestidad".

1 Timoteo 2:1-2 (RVR 1960)

Señor, te pedimos por aquellos que están en eminencia, por los que gobiernan nuestra nación y tienen a su cargo puestos de autoridad en cada dependencia gubernamental. Oro para que en el nombre poderoso de Jesús puedan hacerlo con sabiduría, de manera sensata, bajo el sometimiento de las leyes terrenales y bajo tu voluntad. Toma el control, Padre, de sus mentes y sus corazones, líbralos de la avaricia y de los sobornos. Que no puedan inclinarse al mal.

Sé tú quien tome el control de ellos y aquellos que estén haciendo lo malo delante de tus ojos, que sea sacado todo lo oculto a la luz. Que tu Espíritu Santo traiga convicción de pecado y ellos sean temerosos de ti.

Pido por los que nos gobiernan para que sean justos en todo. Señor, tú sabes cuánto sufrimos por los malos gobiernos que muchas veces nosotros hemos elegido. Perdónanos por escoger gente que no es de tu agrado y que a viva voz se han declarado enemigos del evangelio. Tú eres el que pone y quita reyes, Dios coloca personas como Daniel, como José, que gobiernen con autoridad, sabiduría y a favor de tu pueblo.

Todo esto te lo pedimos en el nombre de tu hijo amado Jesucristo. Amén y amén.

∞

"Él muda los tiempos y las edades;
quita reyes y pone reyes; da la sabiduría a los sabios,
y la ciencia a los entendidos".
Daniel 2:21 (RVR 1960)

∞

"Y si alguno de vosotros tiene falta de sabiduría,
pídala a Dios, el cual da a todos abundantemente
y sin reproche, y le será dada".
Santiago 1:5 (RVR 1960)

∞

ORACIÓN POR LOS JÓVENES

Oro para que sus ojos sean abiertos. Padre, muestrales el camino que los está llevando a su perdición y lejos de tu presencia.

Padre, toma sus mentes y trae liberación a esta juventud que lucha pero que no tiene fuerzas, que ve que no hay solución para ellos y que nadie cree en que serán mejores personas.

Rompe, Señor, en el nombre de Jesús, todas esas mentiras y permite que puedan conocerte a ti y experimentar cuánto los amamos.

Que todos sus talentos los puedan rendir a tus pies y ser instrumentos poderosos en tus manos para la gloria y la honra de tu nombre. Que esta generación entienda que son escogidos, amados, perdonados y que solo tú tienes el poder de juzgarlos, no nosotros.

QUE ESTA GENERACIÓN ENTIENDA QUE SON ESCOGIDOS, AMADOS, PERDONADOS Y QUE SOLO TÚ TIENES EL PODER DE JUZGARLOS, NO NOSOTROS.

Ayúdales a vencer al maligno y sus demonios. Rompe todos esos vicios de alcohol, drogas, sexo ilícito, ataduras, malos pensamientos, maldad, odio y todo lo que hay en sus corazones que no los deja servirte y reconocerte a ti como su único y exclusivo salvador.

∞

"Acuérdate de tu creador en los días de tu juventud,
antes que vengan los días malos y lleguen los años
de los cuales digas:
No tengo en ellos contentamiento".
Eclesiastés 12:1 (RVR 1960)

Padre, en el nombre de Jesús te presentamos a nuestros jóvenes, sabemos cuántas luchas y batallas ellos sufren a diario. Te pedimos que tu misericordia los abrace y puedan ser libres de todos los ataques del enemigo, cuyo fin es llevarlos por el camino del mal y destruirlos. Apártalos por tu verdad de sus engaños y permite que ellos puedan conocerte y servirte en espíritu y verdad. Señor, este mundo les ofrece muchas cosas y en su mayoría son cosas negativas.

Padre, levanta una generación que te adore, que te sirva con un corazón agradecido y dispuesto. Perdónanos por juzgar a nuestros jóvenes y, peor aún, por rechazarlos y no tomarlos en cuenta. Anula, mi Señor, en el nombre de Jesús, toda maldición y palabras que han salido de muchas bocas diciendo que están perdidos, que en ellos no hay futuro ni esperanza. Alzo mi voz al cielo por una generación como Daniel, que no se contamina con lo del mundo y que reconoce que solo en Dios está la verdadera felicidad.

Venga tu reino sobre sus corazones y que seas tú, mi Señor, quien gobierne y no sus deseos. Permite que se vuelvan a ti y abandonen toda conducta que no es de tu agrado. Oro por ellos porque reconozco que un día también fui joven y tuve mis luchas y batallas.

Señor, ayúdame a verlos con ojos de misericordia y como almas de salvación. No permitas que de mis labios salga una palabra de juicio o de condenación contra los jóvenes. Tuyos son, Padre; los dejamos en tus manos sabiendo que el propósito de Cristo es grande para con sus vidas. Gracias por aquellos que te sirven y muchas gracias por los que se volverán a ti.

En el nombre poderoso de Jesús, te lo pido creyéndolo hecho. Amén y amén.

∞

"Os he escrito a vosotros, padres,
porque habéis conocido
al que es desde el principio.
Os he escrito a vosotros,
jóvenes, porque sois fuertes,
y la palabra de Dios permanece
en vosotros, y habéis vencido al maligno".
1 Juan 2:14 (RVR 1960)

∞

ORACIÓN POR LOS NIÑOS

"Pero Jesús dijo: Dejad a los niños venir a mí y no se lo impidáis; porque de los tales es el reino de los cielos".
San Mateo 19:14 (RVR 1960)

Dios todopoderoso, te pedimos en esta hora por nuestros niños. Padre, en el nombre de Jesús sea tu cobertura sobre ellos.

Sabemos que existe una agenda del mismo infierno para distorsionar sus vidas y llevarlos por un camino erróneo y lejos de tu presencia. Por eso vengo ante ti, porque ellos te pertenecen.

Padre, rompe toda obra de maldad, toda agenda homosexual, todo plan del gobierno y de los grupos que se oponen a tu palabra en el nombre de Jesús. Oro porque cada día se levanten hombres y mujeres que dediquen y consagren a ti sus hijos, no importando el sufriendo y la persecución que están padeciendo.

SEÑOR, QUE SE CUMPLA TU PROPÓSITO EN NUESTROS NIÑOS.

Señor, que se cumpla tu propósito en nuestros niños, guarda sus mentes inocentes y líbralos por favor de todo aquello contrario a tu palabra. Que todo plan para exterminarlos sea quebrantado en el nombre de Jesús. Permite que ellos puedan crecer temerosos de ti y amándote cada día.

Señor, sabemos que desde la antigüedad nuestros niños han sufrido persecución y hasta la muerte. Oro para que tu mano poderosa alcance a aquellas madres que han planificado un aborto. Padre, que tu Espíritu Santo las redarguya de pecado y desistan de todo eso en el nombre poderoso de Jesús. No permitas que más niños mueran, por favor, mi Padre. Revélales qué hacer cuando esa criatura nazca, oh mi Dios, ellos son inocentes. Líbralos de todo maltrato físico, emocional, psicológico o sexual que estén padeciendo, buen Dios.

Perdónanos por ser tan malos como seres humanos, perdón por cuidar y amar más a una mascota y no cuidar a los niños y protegerlos.

Oro por aquellas instituciones que se dedican a cuidarlos y a suplirles sus necesidades. Obra, mi buen Dios, en ellos, derramando bendición hasta que sobre y abunde para que puedan continuar con su tarea en el nombre de Jesús. Gracias por ellos y porque sé que has escuchado mi oración.

Te lo pido en nombre de tu hijo amado Jesucristo, creyéndolo hecho. Amén y amén.

∞

ORACIÓN POR ISRAEL

Pedid por la paz de Jerusalén

"Sean prosperados los que te aman. Sea la paz dentro de tus muros y el descanso dentro de tus palacios. Por amor de mis hermanos y mis compañeros diré yo: La paz sea contigo. Por amor a la casa de Jehová, nuestro Dios, buscaré tu bien".

Salmos 122:6-9 (RVR 1960)

Padre, en este momento vengo ante tu presencia para pedirte por tu pueblo. Oramos para que tú anules todo atentado contra ellos. Que todo aquello que sus enemigos planifican para acabarlos y reducirlos a la miseria y esclavitud sea quebrantado en el nombre poderoso de Jesús. Clamo para que prevalezca la paz dentro de tu pueblo y ellos puedan experimentar tu amor y protección aún más que antes. Señor, déjales saber cuánto los amas y que puedan entender que lejos de ti nada pueden hacer.

CLAMO PARA QUE PREVALEZCA LA PAZ DENTRO DE TU PUEBLO Y ELLOS PUEDAN EXPERIMENTAR TU AMOR Y PROTECCIÓN.

Oramos para que sean abiertos sus ojos y rotas las vendas mágicas que por años los han mantenido cautivos rechazando tu venida y el sacrificio que hiciste en la cruz del calvario, mi Jesús, por ellos y por toda la humanidad.

Señor, que en medio de todo el conocimiento que ellos tienen acerca de la ley y los profetas, tu Espíritu Santo se manifieste con poder y gloria revelándoles la verdad absoluta de quién es Cristo y cuál fue su misión aquí en la Tierra.

Gracias, Padre, por aquellos que sí han creído en Jesús; sigue guiándolos y no permitas que se vuelvan atrás jamás. En tus manos está todo el pueblo de Israel y su capital Jerusalén. Pedimos tu bendición y bienestar para ellos.

En el nombre de tu hijo amado Jesucristo hemos orado creyéndolo hecho. Amén y amén.

∞

ORACIÓN POR LOS EVANGELISTAS

"Pero tú sé sobrio en todo, soporta las aflicciones, haz obra de evangelista, cumple tu ministerio".
2 Timoteo 4:5 (RVR 1960)

Señor, te pedimos que seas con los evangelistas que has levantado para este tiempo. No permitas que se aparten de tu propósito ni de tus caminos. Sabemos que es arduo el trabajo que a ellos les ha tocado realizar, pero reconocemos que tú eres fiel y verdadero. Al que llamas respaldas y sustentas. Señor, renueva sus fuerzas y líbralos de todos esos ataques del enemigo y sus demonios. Sé tú un escudo alrededor de cada uno de ellos.

Oro para que el Espíritu Santo les revele los planes de Dios para sus vidas y cada misión que tengan. Padre, provee para cada campaña evangelística, cada viaje, y sustenta sus vidas con tu amor, paz, fortaleza y sabiduría cada día. Que no sean ellos hablando sino tú a través de ellos. Guárdalos de hacer las cosas sin contar con tu dirección y respaldo. Que en todo lo que hagan te den la gloria y la honra. Crea en ellos corazones humildes y sinceros en el nombre de Jesús.

Señor, que nunca dejen de amar las almas y de verles con ojos de misericordia. Líbralos del orgullo, arrogancia, altivez y todo aquello que los quiera detener en el cumplimiento de su propósito aquí en la Tierra. Permite que sean ejemplo en todo y de una sola pieza. Que su carta de presentación seas tú y que nada ocupe en sus vidas el lugar que te corresponde.

Reconocemos que en su gran mayoría estos siervos dejan todo por seguirte y hacer tu voluntad. Padre, que no sea en vano su sacrificio. Que en toda tribu o nación donde les envíes, las señales, prodigios y maravillas sean manifestadas como una muestra de tu respaldo y compañía.

Anula, Señor, todo deseo del hombre de colocarles en otros ministerios donde no los has llamado a estar. Que los evangelistas siempre reconozcan quién los llamo y para qué fueron escogidos.

Te lo pedimos en el nombre de Jesús, creyéndolo hecho. Amén y amén.

∞

ORACIÓN POR LOS ANCIANOS

"Delante de las canas te levantarás y honrarás el rostro del anciano, y de tu Dios tendrás temor. Yo, Jehová".
Levítico 19:32 (RVR 1960)

Padre, en el nombre de tu hijo amado Jesucristo te presentamos en esta hora a nuestros ancianos. Oramos a ti creyendo que ellos están en tus manos y que nada ni nadie les podrá hacer daño.

Señor, los ancianos te necesitan, son una población muy rechazada y abusada actualmente. Rogamos tu intervención divina sobre ellos. Solo tú puedes liberarlos del maltrato, abuso, rechazo y abandono que enfrentan a diario. Te pedimos perdón por no atenderlos como es debido, perdónanos por ser tan duros e injustos con aquellos que nos dieron la vida. Padre, enséñanos a honrarlos y a respetarlos en todo momento. Oh mi Dios, qué sería de nosotros sin sus sabios consejos y corrección.

Pido por ellos para que sean fortalecidos en ti y los libres de toda depresión que tanto les ataca. Sé tú sanando las heridas de sus corazones que muchas veces les provocamos. Apiádate de ellos, Dios amado.

Que tu amor los inunde cada día y que donde ellos estén puedan experimentar tus cuidados y los nuestros para con sus vidas. Que no los abandonemos a su suerte y dejemos de atenderlos. Pon en nuestras vidas ese sentido de gratitud que muchas veces se nos olvida y acuérdanos todo lo que ellos hicieron por nosotros.

Te lo pedimos en el nombre poderoso de Jesús. Amén y amén.

"En los ancianos está la ciencia,
y en la larga edad la inteligencia".
Job 12:12 (RVR 1960)

∞

"No me deseches en el tiempo de la vejez;
cuando mi fuerza se acabare, no me desampares".
Salmos 71:9 (RVR 1960)

∞

"Oye a tu padre, a aquel que te engendró;
y cuando tu madre envejeciere, no la menosprecies".
Proverbios 23:22 (RVR 1960)

ORACIÓN POR EL MINISTERIO

"Pero os ruego, hermanos, por nuestro Señor Jesucristo y por el amor del Espíritu, que me ayudéis orando por mí a Dios".
Romanos 15:30 (RVR 1960)

Alabado Dios, pedimos en esta hora por el Ministerio Evangelístico y Misionero Generación de Fuego Inc. Oramos para que en el nombre de Jesús tú les bendigas poderosamente. Sé propicio a sus vidas, concédeles el privilegio y la oportunidad de seguir trabajando en tu obra cada día con más pasión y entrega que antes. Oro a ti por cada uno de sus integrantes para que reine la unidad y sea manifiesto el amor de Cristo en sus corazones. Añade, mi buen Dios, por medio de ellos, los que han de ser salvos a tu Iglesia cada día. Que en cada misión y proyecto que emprendan puedan ver tu mano poderosa obrando. Cuida de ellos, Espíritu Santo, y guíales por el camino correcto cada día.

Señor, te pedimos que proveas de todos los recursos necesarios para el cumplimiento de tu propósito en cada lugar donde son enviados. Oh maestro bueno, que ellos nunca te roben la gloria y dejen de servirte jamás.

Poderoso Dios, en tus manos colocamos al Evangelista Junior, dale sabiduría, paz, comprensión y humildad siempre. Líbralo de exaltarse y de dañar tu obra por causa de cualquier mala acción o actitud para con los demás. Señor, que él pueda dirigir el ministerio bajo tu manto y que sepa entender y escuchar siempre las opiniones, ideas, pensamientos y situaciones de los demás, mucho más de su equipo de trabajo. Oro para que él esté centrado en ti, no olvidando su familia y el valor que tiene.

En tus manos está este ministerio. Padre, ábreles puertas para llevar el mensaje de salvación y liberación que tanto se necesita hoy. Muestra tu poder a través de ellos y que las vidas sean ministradas por tu Espíritu Santo en todo tiempo. Líbralos de accidentes, enfermedades, situaciones y de cualquier ataque de Satanás en contra de ellos. Sé con sus vidas que nada ni nadie los pueda separar de tu amor.

Oro para que sean guardados sus corazones y nunca se corrompan tras la avaricia del dinero y de la fama. Que en todo te den la gloria y la honra, mi buen Dios.

Se tú el centro del ministerio y no ellos, que no importando la posición que ocupen puedan verse todos por igual, no unos más grandes que otros porque el grande aquí eres tú, Dios.

Añade personas de valor a sus vidas, pastores y líderes llenos de buenos consejos, y líbralos de los falsos hermanos. Levanta obreros que trabajen en la obra y apoyen con sus oraciones y ofrendas este Ministerio. Que nada les falte, Dios, pero sobre todo que nunca les falte tu presencia, corrección, disciplina y amor.

Que ni la envidia, el orgullo, la arrogancia ni las obras de la carne tengan lugar en sus corazones, mi buen Dios. Los dejamos en tus manos sabiendo y creyendo que ha sido escuchada nuestra oración. Te lo pedimos en el nombre de tu hijo amado Jesucristo. Amén y amén.

∞

"Orad por nosotros, pues confiamos en que tenemos buena conciencia, deseando conducirnos bien en todo".

Hebreos 13:18 (RVR 1960)

∞

ORACIÓN POR LAS NACIONES

"Y andarán las naciones a tu luz,
y los reyes al resplandor de tu nacimiento".
Isaías 60:3 (RVR 1960)

Señor, en esta hora venimos ante ti para presentarte a todas las naciones del mundo, muy en especial la mía. Oro para que tu luz alumbre cada rincón de mi país y aquellos que moran en sombra de muerte sean alcanzados.

Padre, que esta nación se postre ante ti y toda lengua confiese que Jesús es el Señor de sus vidas. Clamo por la liberación de mi país de los yugos y cadenas del diablo y sus demonios. Oh divino Creador, sé tú trayendo sobre ellos un arrepentimiento genuino y que puedan tornar su mirada a ti antes de que sea demasiado tarde.

Señor, tú eres lento para la ira y grande en misericordia y verdad. Hemos experimentado por años tus misericordias en nuestro país, pero hoy vemos cómo cada día más se hunde en el pecado y en aquellas cosas que tú aborreces. Te pido perdón por los pecados que se cometen a diario en mi nación. Señor, ayúdanos como hijos tuyos que somos a humillarnos y pedir por los que nos gobiernan y a elegir personas que vayan de acuerdo

ORO PARA QUE NOS AYUDES A VENCER EL MAL CON EL BIEN.

con tu voluntad y propósito. Líbranos de escoger gente impía con agendas ocultas.

Oro para que nos ayudes a vencer el mal con el bien. Levanta un ejército de guerreros de oración que solo se postren ante ti, para que juntos podamos clamar por nuestro país. Jesús, tu sacrificio no fue en vano y es por eso que oramos en esta hora para que venga sobre nosotros un gran avivamiento donde los perdidos sean impactados por tu amor y misericordia.

Abre los ojos de los ciegos y los oídos de los sordos, Padre bueno, antes de que sea tarde. En tus manos están las naciones de la Tierra creyendo que nuestra oración obtuvo respuesta y veremos tu mano de poder una vez más. Hemos orado creyéndolo hecho en el nombre de tu hijo amado Jesucristo. Amén y amén.

∞

ACERCA DE NUESTRO MINISTERIO

Por la gracia de Dios tenemos el privilegio y la bendición de presidir el Ministerio Evangelístico y Misionero Generación de Fuego Inc., un ministerio que se dedica principalmente a la evangelización y apoyo social a comunidades y entidades donde se nos presente la oportunidad de servir.

Trabajamos en diferentes países incluyendo Guatemala, México, Panamá, Costa Rica, Honduras, El Salvador y Puerto Rico con diferentes líderes evangélicos y de diferentes denominaciones, pero con algo en común: servir a otros y exaltar el nombre de Cristo donde quiera que vayamos.

Nuestra misión es alcanzar las almas por medio de la predicación del evangelio de nuestro Señor Jesucristo, y nuestra visión es ver una generación apasionada y llena del Espíritu Santo, comprometida diariamente en la gran comisión, alcanzando a miles en todo el mundo; rompiendo las barreras que puedan levantarse y llegando a completar su misión aquí en la Tierra.

Entre nuestros objetivos está la salvación de las almas, llevar a esta generación hacia una profunda relación con Dios, capacitar personas y enviarlos a otros lugares, realizar misiones en todo el mundo, apoyar a otros ministerios y misioneros en el cumplimiento de su propósito aquí en la Tierra; ayudar a los más necesitados y por encima de todo lo antes mencionado, glorificar y exaltar el nombre de nuestro Señor Jesucristo en cada tribu o país donde se nos presente la oportunidad de ir.

Puedes contactarnos en nuestras redes sociales y ver todo lo que realizamos en la obra del Señor, para la gloria y la honra de su nombre.

∞

FACEBOOK:
@YOTAMBIENSOYFUEGO

VIA EMAIL:
YOTAMBIENSOYFUEGO@HOTMAIL.COM

CONTACTO TELEFÓNICO:
+1 939 274 0379

WHATSAPP:
+1 939 274 0379

INSTAGRAM:
@EVANGELISTAJUNIORARMANDO

Pan House

Made in the USA
Middletown, DE
20 April 2022

64525738R00090